DEBUT D'UNE SERIE DE DOCUMENTS
EN COULEUR

UNE VOIX

dans

LE DÉSERT

PAR

Mme JOSÉPHINE E. BUTLER

DE LIVERPOOL

Deuxième Edition

NEUCHATEL

BUREAU DU BULLETIN CONTINENTAL

1876

LE BULLETIN CONTINENTAL

Cette publication paraît le 15 de chaque mois à Neuchâtel en Suisse, où toutes les communications relatives à la rédaction et à l'administration du journal doivent être expédiées, soit à l'adresse de son directeur, *M. Aimé Humbert*, soit au *Bureau du Bulletin continental*. Les demandes d'abonnement peuvent aussi se faire par voie de librairie.

Le *Bulletin* se compose de deux parties distinctes et séparées : la première, intitulée *Revue mensuelle des intérêts de la moralité publique*, s'adresse exclusivement aux personnes adultes; la deuxième, *Journal du bien public, Revue d'économie sociale et d'éducation populaire*, peut être mise entre les mains de tout le monde. Chaque partie a sa pagination spéciale. On ne s'abonne au *Bulletin continental* que pour l'année entière et pour les deux parties; elles seront toujours expédiées sous bande et dans la même couverture. Le prix de l'abonnement est de 8 francs pour la Suisse et de 8 francs 50 cent. pour les autres pays de l'Union postale. Partout ailleurs le prix pour la Suisse et le port en sus. Prix du numéro : 50 cent. Annonces : 20 cent. la ligne.

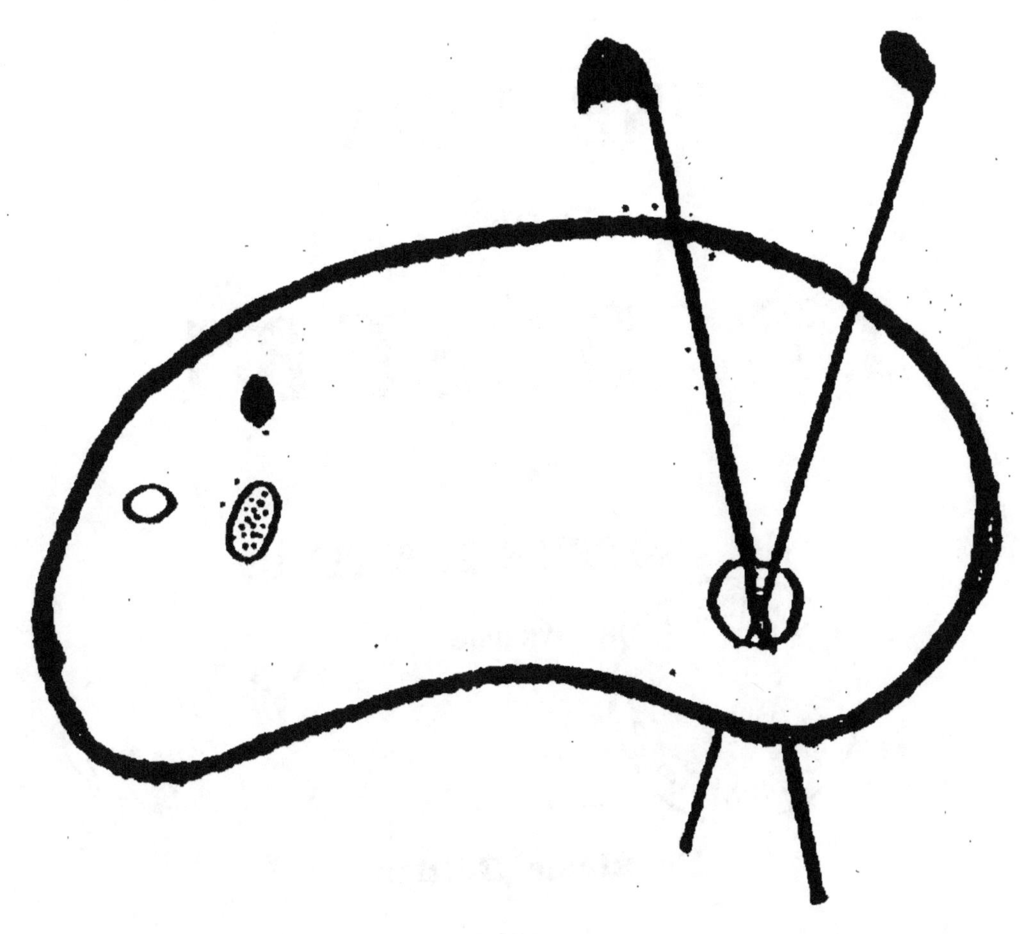

FIN D'UNE SERIE DE DOCUMENTS
EN COULEUR

UNE VOIX

DANS

LE DÉSERT

PAR

Mme JOSÉPHINE E. BUTLER

DE LIVERPOOL

Deuxième Edition

NEUCHATEL

BUREAU DU BULLETIN CONTINENTAL

1876

NEUCHATEL. — IMPRIMERIE DE JAMES ATTINGER.

Une voix dans le désert !

Cette voix est celle d'une femme; et le désert, c'est la multitude, la foule, « ce vaste désert d'hommes. »

Plusieurs se sont arrêtés un instant, et ils ont passé outre, estimant qu'il ne convient pas à une femme de s'immiscer dans des questions de moralité publique: n'est-ce pas assez, en effet, des médecins, des physiologues, et des agents préposés à la police des mœurs?

D'autres ont écouté attentivement, mais de retour à leurs affaires ils se sont dit: Toute réflexion faite, il ne faut pas se laisser prendre à des paroles qui ne s'adressent qu'au cœur; il est facile à une femme d'entraîner ses auditeurs par le langage du sentiment. Le sujet que celle-ci a la témérité d'aborder doit être examiné sous toutes ses faces.

Il le sera, sans aucun doute ; mais, après tout, le sentiment est une puissance, lorsqu'il se trouve au service de la vérité. Honorables contradicteurs qui réservez les droits de la froide raison, soyez néanmoins attentifs au trouble de votre âme et ne contestez pas avec la conscience !

Depuis longtemps on envisage la prostitution comme un simple fait matériel, assez grave quant à ses conséquences hygiéniques, mais ne pouvant être apprécié sainement que par les hommes qui ont, sur la matière, des connaissances spéciales. On leur doit une quantité de dissertations médicales, des liasses de mémoires statistiques, tout une énorme littérature scientifique et administrative, qui est encore loin d'épuiser le sujet. Cependant, le public ne s'enquiert point des conclusions auxquelles tant de travaux aboutissent ; il accepte ce qui est, il assiste, impassible, aux modifications que subit l'état des choses.

Au milieu de l'apathie générale, il est bon d'amener les esprits à considérer la prostitution sous un autre point de vue que celui du matérialisme.

Les hommes de cette génération semblent oublier que notre siècle n'en est plus à sa première enquête, ni à son premier verdict, sur les fléaux de la société. Peut-être ne sera-t-il pas superflu de leur rappeler l'abolition de l'esclavage des nègres, au moment de mettre sous leurs yeux une nouvelle cause, qui n'offre que trop d'analogie avec la précédente, car la prostitution aussi a sa traite et ses esclaves.

Il s'agit donc, en réalité, d'une grande œuvre humanitaire, qui intéresse également l'un et l'autre sexe. Comment ne s'adresserait-elle pas au sentiment, à l'âme, aux affections morales, à la volonté ?

Pour poser la question de la prostitution sous cette nouvelle face, trois mots suffisent, — trois mots sortis de la bouche d'une femme, parlant au nom de toutes les femmes, — et ces trois mots, les voici :

Nous nous révoltons !

Ce n'est pas là, il est vrai, le langage de la science, la formule d'une donnée statistique ou d'une déduction hygiénique ; c'est tout uniment l'explosion d'un sentiment de réprobation comprimé pendant des siècles sous le joug du vice légalisé ; c'est la protestation féminine, le cri de l'horreur, l'appel à la justice, au retour à la loi divine, en opposition aux lois impures et aux brutales ordonnances des hommes.

On trouvera sans doute à redire à la forme de cette manifestation. Elle est loin d'être parfaite, mais elle suffit à notre dessein. C'est aussi quelque chose d'imparfait, que le son de la trompette qui appelle à la bataille; cependant, on ne lui demande que d'être assez pénétrant, pour attirer les combattants sur le terrain de l'action. Lorsqu'ils y seront accourus, la lutte s'engagera sur toute la ligne, et bientôt le moment viendra d'amener la grosse artillerie et les gros bataillons pour détruire les ouvrages de l'ennemi, pour le forcer dans ses derniers retranchements, pour ne lui laisser nulle part un endroit de refuge.

Quelle que soit l'immensité de la tâche, rien ne peut ébranler notre foi. La justice de notre cause nous en garantit le succès. Dès le début de l'entreprise nous en saluons l'issue, si ce n'est en perspective d'un terme rapproché, du moins dans l'avenir que nous rêvons pour nos enfants.

Ces quelques mots ne sont donc qu'un appel, mais quand l'esclave s'impatiente et cherche à briser ses fers, l'heure de l'émancipation est proche. Ce qui manquait jusqu'à présent, c'était la voix qui donnât le signal. Il fallait que les femmes opprimées trouvassent un organe dans une personne de leur sexe. C'est elle qui vient annoncer la délivrance et le relèvement.

Elle accepte sa lourde mission; elle en mesure la portée aux souffrances sans nombre dont elle a été le témoin, et aux angoisses inexprimables qu'elle a personnellement traversées dans la longue période de la préparation.

Maintenant, le moment d'agir est arrivé. Ce qu'elle a entendu dans le recueillement de sa vocation, elle le proclame publiquement. Ce qu'elle a reçu, elle le dispense. L'appel auquel elle a répondu, elle l'adresse autour d'elle et de proche en proche, pour qu'il pénètre au loin dans toutes les directions, au foyer domestique, dans l'atelier, dans les conseils des nations, et au sein des multitudes.

C'est aux femmes, mes sœurs et mes compagnes d'humiliation, que je veux parler en premier lieu.

Vous n'avez probablement qu'une vague idée de l'état de choses que l'on désigne abusivement, en France, sous le titre officiel de police des mœurs. Je n'entrerai pas dans l'examen approfondi, non plus que dans les ramifications de ce triste sujet. Il me suffira, pour le faire apprécier, de vous tracer rapidement l'esquisse de l'une des institutions qu'il comporte, celle des lieux de débauche auxquels on donne par euphémisme le nom de maisons de tolérance.

Dans presque tous les États de l'Europe, il existe de ces établissements qui, au su de tout le monde, et avec l'autorisation du gouvernement, exploitent la prostitution comme une industrie.

Là, l'excitation à la débauche est officiellement protégée, et l'intervention ordinaire de la police n'a d'autre objet en vue que la question de salubrité. La réclusion la plus absolue, la corruption systématique, l'abjection poussée à l'extrême limite, tel est le régime de la maison de tolérance.

En échange de leur entretien, les pensionnaires, comme on les appelle, vendent à la maîtresse du lieu non-seulement leur corps, mais leur âme, car l'obéissance passive est la règle de leur profession : ni le dégoût, ni la lassitude, ni les répugnances le mieux justifiées, ne leur permettent jamais de dire non ! Ce sont de puériles faiblesses qu'il faut noyer dans le vin.

L'argent que la clientèle apporte à l'établissement reste entre les mains du tenancier ; le peu qu'il en revient aux pensionnaires sert généralement à couvrir des frais d'atours et de cosmétiques, dont la maîtresse leur fait l'avance, par un calcul perfide qui rive d'une manière indissoluble les chaînes de leur captivité.

Le plus souvent aussi, le recrutement du personnel nécessaire à la prospérité industrielle de l'entreprise s'opère par la voie de l'embauchage. Il y a des enrôleurs qui voyagent pour la maison, et des bureaux de placement qui l'alimentent de victimes fraîches.

C'est dans le cadre de cette organisation dia-
bolique que la Police exerce son rôle de surveillance. Il consiste donc essentiellement à
constater l'état sanitaire des femmes de la maison, et cela se pratique au moyen d'inspections
médicales régulières qui sont de la dernière
ignominie. Les malades, immédiatement sé-
questrées, ne peuvent reprendre l'exercice de
leur métier que sur une attestation officielle de
leur guérison.

La sécurité que le vice obtient au prix de
pareilles mesures n'est pas complète, car il serait impossible de multiplier les visites dans la
proportion des besoins. Elle suffit néanmoins
à la tranquillité des chalands, disposition que
jusqu'ici la Police a encouragée. Peut-être n'en
sera-t-il plus de même lorsque l'on en viendra
aux statistiques les plus récentes de France,
d'Angleterre et d'Italie, dont les chiffres démontrent que les foyers officiels de la débauche
présentent plus de chances d'infection que la
prostitution clandestine.

Au reste, en admettant la proposition inverse,
on ne distingue pas trop quel avantage il en

résulte au point de vue du « salut public », qui est l'argument suprême des soutiens du régime actuellement en faveur.

Que dire, par exemple, de son efficace dans une ville telle que Paris, où sur trente à quarante mille femmes notoirement vouées à la prostitution, il y en a moins de quinze cents dans les maisons de tolérance !

Ajoutons, si l'on veut, à ces quinze cents femmes soumises à la clôture, moins de trois mille qui ont une carte de la Police et qui subissent, comme les premières, des visites médicales, tout en pratiquant la prostitution dans un domicile à elles : quelle est, en réalité, la valeur de la garantie qu'offrent à la santé publique ces quatre à cinq mille femmes surveillées, sur le chiffre énorme des trente mille qui se vouent, avec une entière indépendance, à leur déplorable industrie ?

« Ces chiffres sont effrayants », s'écrie l'auteur d'une remarquable brochure qui a paru en 1870, le Dr Armand Després, ancien chirurgien de l'hôpital de Lourcine, à Paris, « ces chiffres sont effrayants et démontrent l'insuffisance des moyens prophylactiques administratifs. Du moment où toutes les femmes qui se livrent à la prostitution clandestine ne sont pas surveillées, comment peut-on arrêter la propagation des maladies contagieuses ? » •

S'il faut en croire une autorité purement littéraire, celle de M. Maxime Du Camp, la proportion entre les prostituées enregistrées et les « insoumises » serait bien autrement colossale, car il évalue à cent-vingt mille le nombre des femmes de Paris « qui ne vivent que de galanterie. » Mais ne nous arrêtons pas à ces chiffres qui signalent à l'envi les résultats dérisoires du système de la prostitution légale. Il s'agit, avant tout, d'une question de morale. Comme un arbre mauvais ne saurait porter de bons fruits, comme une maladie se révèle par ses symptômes, une institution funeste dans son principe doit porter aussi dans la pratique le sceau de la réprobation.

Le système, en ce qui concerne ses moyens d'action, est un outrage permanent à la Justice.

Les mesures disciplinaires imaginées par la Police des mœurs sont exclusivement dirigées contre le sexe faible.

La femme est atteinte par les visites médicales, l'homme y échappe.

Un cas de maladie contagieuse se déclare : on ne s'occupe que de la femme infectée, sans remonter à la source de l'infection ; la pauvre pécheresse est séquestrée, on laisse courir son complice, le vrai coupable.

Que devient l'égalité de l'homme et de la femme devant Dieu, devant la loi morale, devant la justice humaine ?

Au reste, l'iniquité n'est pas le seul attribut du système, ou plutôt, elle se venge par les inconséquences qu'elle entraîne à sa suite et qui frappent de stérilité toutes les mesures de la Police.

C'est le cas, par exemple, lorsque celle-ci, fermant les yeux, et pour cause, sur les faits et gestes des hommes, prétend, par sa seule action sur les femmes, empêcher les maladies contagieuses de pénétrer dans les familles.

Qui est-ce qui les y apporte, ces horribles maladies ? Quels domiciles a-t-on vu envahir par les prostituées ? Est-ce que ce sont elles personnellement qui infectent les mères, et par les mères les enfants ? Hélas ! ce sont les hommes, les maris, les pères, qui se font les agents de la transmission du fléau. C'est sur eux directement que retombe la responsabilité du mal physique et des souffrances morales qu'ils introduisent à leur foyer. La Police, néanmoins, leur laisse toute liberté de répandre autour d'eux la contagion ; elle ne confine que les femmes de qui ces hommes, par un acte volontaire, ont reçu le venin ; sur deux personnes également dangereuses, elle isole uniquement celle qui, par la nature de sa profession, est déjà mise au ban de la famille et de la société.

Il n'y a qu'une explication plausible à de si lourdes contradictions, c'est à savoir que les règlements de la Police des mœurs ont été faits par les hommes, au point de vue exclusif de leurs propres convenances, et sans aucun souci des droits naturels ni de la dignité des femmes.

Si seulement les femmes eussent été consultées ! Mais quoi ? l'on a voulu ménager notre pudeur et notre sensibilité. Bien plus, notre éducation même nous entoure, dans le monde, d'une sorte de cordon sanitaire invisible qui ne laisse rien passer de ce qui pourrait offenser notre délicatesse. Nous sommes systématiquement dressées par nos pédagogues à garder le silence sur toutes les manifestations du vice de l'impureté. Les hommes disposent de la moralité publique, et en ce qui touche à ce domaine ils entendent que du moins nous affections l'ignorance la plus discrète.

En vérité, beaucoup d'entre nous se repaissent d'illusions sur l'état du monde qui les entoure. Cependant, le vice grandit et les enveloppe, lentement, sourdement, sans exciter de défiance, jusqu'à ce qu'une soudaine catastrophe vienne révéler, au sein même des intérieurs les plus paisibles, sa dévorante activité. Il faut bien alors se rendre à l'évidence, subir avec consternation le spectacle des réalités immondes. Mieux vaudrait apprendre qu'elles existent, et sonder ces abîmes, comme d'autres, au flambeau de la Révélation divine, quand l'âme est soutenue sur les ailes de la prière, quand elle n'est pas bouleversée par le désespoir. — O femmes ! revenons-en à cette éducation biblique qui ne jette pas des roses sur le serpent, qui n'use pas d'un double vocabulaire, qui donne à chaque péché son vrai nom, et qui ne pactise ni avec le mal, ni avec la pruderie mondaine !

Si les femmes avaient été consultées, elles auraient demandé une explication au sujet du règlement qui institue les visites médicales.

Au double point de vue de la justice entre les deux sexes et de l'amélioration de la salubrité publique, la raison ne saurait admettre qu'une mesure de police disciplinaire aussi importante que celle-là, fût limitée à un seul sexe.

Malheureusement, le roi de la Création n'est pas toujours un monarque constitutionnel. Quel autre langage que celui des despotes pourrait-il employer pour répondre à notre objection? — Nous avons fait, dirait-il, ce règlement de la sorte, parce que tel est notre bon plaisir. Il nous plaît de ménager les forts, de traiter à notre discrétion les faibles, et, finalement, de ne rendre compte de nos actes à personne.

De notre côté, nous, les femmes, les faibles, les opprimées, nous avons la ferme assurance que, grâce aux progrès incessants de la civilisation chrétienne, les dernières forteresses officielles du vice seront aussi le dernier refuge du despotisme masculin.

A mesure que l'on comprendra mieux l'influence à la fois énervante et brutale qu'exercent sur les hommes ces repaires privilégiés, l'opinion publique stigmatisera la prostitution.

à la fois comme le dissolvant le plus dangereux auquel puisse être exposé le corps social, et comme le poison le plus subtil qui menace l'âme de l'homme dans ses plus nobles facultés, la crainte de Dieu, le respect de l'être humain et l'amour de la liberté.

Sous quelque face qu'on le considère, le règlement des visites médicales est une œuvre d'avilissement moral.

Il ne s'applique pas aux hommes, et pourquoi ? parce que les hommes ne voudraient pas s'y soumettre.

On contraint néanmoins les femmes à le subir, et pourquoi ? parce que les femmes sont sans défense, mais aussi parce qu'on veut avoir des prostituées chez lesquelles la dernière étincelle de l'honneur se soit éteinte. Parent-Duchâtelet déclare que les femmes envisagent leur inscription à la Police comme « le sceau de leur dégradation. »

Ainsi, ce que les hommes regarderaient avec raison comme un acte de tyrannie, comme une offense à leur honneur, comme un affront personnel, cette visite qu'il serait impossible de leur faire accepter, il faut que la femme y passe, sous peine de l'incarcération qui menace les « insoumises.

2

Mais ce qui serait une indignité pour l'homme, n'est-ce pas une insulte plus grande encore pour la femme? Et n'y a-t-il pas quelque chose de bien sinistre dans cette descente d'une malheureuse créature forcée d'aller jusqu'au fond de l'abîme, jusqu'à la dernière marche de la dégradation, jusqu'à la halte dans l'endurcissement, résultat que l'on obtient enfin par la répétition constante, régulière, systématique, des outrages imposés aux femmes en vertu de ce règlement fait de la main des hommes?

Que l'on ne s'y trompe point! Cette dégradation de pauvres misérables femmes n'est pas une dégradation pour elles seules, c'est une offense à la dignité de toute femme vertueuse, c'est un déshonneur pour moi, c'est une honte pour toutes les femmes, dans tous les pays du monde.

Je le répète, et j'insiste sur ce point: Il n'est pas de femme honnête qui ne sente au fond de son cœur que la révoltante inquisition corporelle exercée sur de pauvres femmes pour la protection des hommes impurs, est une insulte et un attentat contre elle-même:

« En tant qu'ils l'ont fait à l'un de ces petits, ils me l'ont fait à moi-même. »

Ne croyez pas toutefois que si les femmes avaient été consultées, elles auraient revendiqué les droits de la justice et de l'égalité en demandant que les hommes fussent soumis aux mêmes humiliations que les femmes.

Rien n'eût été plus éloigné de leur pensée. Ce qu'elles auraient fait sans aucun doute, c'est de protester, comme elles protestent aujourd'hui, contre l'avilissement de l'un et de l'autre sexe, contre la dégradation infligée à l'espèce humaine, soit dans l'homme, soit dans la femme ; et si leur voix eût été entendue, jamais les hideux règlements des visites et des « dispensaires » n'auraient souillé la civilisation moderne.

Maintenant que le mal est consommé, qui est-ce qui voudra se faire l'organe ou seulement l'écho de notre protestation ?

Partout où l'esclavage féminin a pris racine, sous la protection d'une loi de circonstance ou sous la tutelle de la Police, c'en est fait de la dignité de notre sexe : la femme honnête n'inspire plus le respect, son prestige moral s'évanouit, sa voix s'éteint comme dans le vide, et l'on ne répond à ses gémissements que par la conspiration du silence.

Au surplus, les choses n'en restent pas là.

Fatiguées de l'inutilité de leurs plaintes, beaucoup de femmes se résignent à tout oublier, puis à tout accepter, et enfin à ne plus s'occuper que de complaire à leur entourage.

C'est alors qu'on les voit façonner leurs pensées sur la moralité du commun des hommes, conformer leur langage à la frivolité des conversations vulgaires et souscrire sans réflexion à ces odieux jugements de « l'esprit de mensonge », qui amnistient le libertin et condamnent sans rémission la victime de ses caprices.

Je souhaite que ces femmes comprennent tout ce qu'il y a de dureté de cœur dans leur égoïste soumission, tout ce qu'il y a de lâcheté dans leur complaisance envers les hommes !

Il m'est impossible d'admettre que le plus humble avertissement ne les réveille pas de leur torpeur. Qu'elles se lèvent donc et qu'elles contemplent ces hécatombes humaines, ces holocaustes d'âmes offerts au Moloch de l'impureté, et qu'elles disent si elles peuvent supporter plus longtemps ce spectacle sans reconnaître combien il est navrant pour l'humanité féminine !

Chacune de nous se sent touchée au cœur. L'âme de ma sœur ne peut se corrompre sans

que mon âme en reçoive une atteinte, à moins
toutefois que, saisie de pitié, je ne me dévoue
à la rédemption de cette sœur infortunée, et
que je n'offre à Dieu ma vie pour le salut de
son âme, comme mon Rédempteur s'est offert
en sacrifice pour ma propre délivrance.

Il est donc bien passé, ce temps d'ignorance
et d'aveuglement où nous ne voulions pas voir
qu'il y a autour de nous des femmes par mil-
liers, et dans le monde par millions, qui sont
exclues de leur destination originelle et con-
damnées à ne jamais goûter ni les douceurs du
chez-soi, ni l'état conjugal, ni la paix domestique; des femmes qui n'ont appris à connaître
l'homme que comme un être séducteur et
comme l'agent de destruction de leur vie physique et morale; des femmes enfin, et c'est
tout dire, pour qui la maternité, lorsqu'elle
arrive, ne se présente que comme une malé-
diction.

Un bras plus puissant que celui des hommes
a fait tomber les écailles de nos yeux. Rien ne
saurait désormais intercepter la lumière dont il
a plu à Dieu de nous éclairer. C'est pour vous
aussi qu'elle luit à cette heure, vous toutes qui,

dans l'ombre de votre vie paisible, enfouissiez les vertus, l'instruction, les talents et les dons de tout genre qui vous ont été accordés. L'occasion de les utiliser vous est maintenant offerte: à votre tour, vous allez sortir de votre retraite et tendre une main compatissante à ces pauvres créatures que vous avez jusqu'ici éloignées de votre présence et bannies de votre pensée. Comme nous aurions pu devenir ce qu'elles sont, un jour elles pourront, de leur côté, devenir ce que nous sommes. Il y a pour elles, et plus qu'on ne le pense, une réhabilitation possible. Il m'est permis de le proclamer, non comme une utopie, mais comme un fait pleinement avéré et confirmé par une longue expérience.

Les résultats obtenus sont tels, qu'ils m'encouragent à vous proposer de prendre part à la sainte croisade qui amènera la suppression de l'esclavage féminin. Cette tâche, il est vrai, présente plus de difficultés que l'abolition de l'esclavage des nègres; néanmoins, tout annonce que l'heure de notre rédemption a sonné. Entreprise en Angleterre, il y a six ans, dans les conditions les plus modestes, notre œuvre a grandi, au point qu'elle ne saurait rétrograder. Il en sera de même sur le continent, où, malgré tous les obstacles, rien ne pourra non plus arrêter les progrès de la justice et de la vérité.

———

L'unité de la loi morale est un principe que personne ne conteste. Notre siècle le range au nombre des vérités qui ont passé à l'état d'axiomes.

Il n'y a pas deux lois morales, l'une pour un peuple privilégié, et l'autre pour le reste des nations, l'une pour les classes supérieures et l'autre pour les classes infimes de la société; il n'y a pas deux lois morales, l'une pour le sexe fort et l'autre pour le sexe faible. En un mot, s'il existe pour l'humanité une loi morale organique, — et qui pourrait en douter? — ce doit être une loi unique, commune à tous les membres de la grande famille humaine, à quelque race, à quelque peuple, à quelque sexe qu'ils appartiennent.

Admettant donc que le principe est vrai, nous en demandons l'application uniforme, égale pour tous, hommes et femmes.

Un jour les scribes et les pharisiens ayant amené à Jésus une femme surprise en adultère : Maître, lui dirent-ils, ne devons-nous pas la lapider, ainsi que l'ordonne la loi de Moïse ?

La loi de Moïse était à la fois une loi morale et civile : « Tu ne commettras point adultère », telle était la loi morale ; « On fera mourir l'homme et la femme adultères », telle était la loi civile.

Jésus, sans proférer une parole, se mit à tracer du doigt des caractères sur le sable ; et comme ses interlocuteurs continuaient à l'interroger, il leva la tête et leur dit : Que celui d'entre vous qui est sans péché jette le premier la pierre contre cette femme !

Et s'étant encore baissé, il écrivait sur le sable.

Mais eux, qui se sentaient repris dans leur conscience, évidemment pour avoir commis le même péché que cette femme, ils s'en allèrent l'un après l'autre, depuis le plus âgé jusqu'au plus jeune.

Alors Jésus se relevant et s'adressant à la femme : Où sont, lui dit-il, tes accusateurs ? Est-ce que personne ne t'a condamnée ?

Personne, Seigneur ! répondit-elle.

Et moi, répliqua Jésus, je ne te condamne pas non plus. Va, et ne pèche plus !

La leçon est-elle assez claire et assez complète? Que vous en semble, vous qui jetez la pierre à la femme de mauvaise vie et qui faites dans le monde les plus grands honneurs à son complice?

Et vous tous, qui vous réclamez du titre de chrétiens, pensez-vous que Jésus-Christ eût jamais donné sa sanction à l'enregistrement public de la femme comme servante de l'infamie? Ou encore, douteriez-vous qu'il eût manifesté son indignation contre les scribes et les pharisiens, s'il les avait vus promulguer quelque loi tendant à faciliter la débauche, ou mettre en vigueur tout un ensemble de règlements pleins d'une indulgente protection pour le libertin, mais frappant du sceau de la dégradation et livrant à l'esclavage les femmes sacrifiées à ses plaisirs?

On rencontre beaucoup d'hommes convaincus de l'excellence de la morale chrétienne, et toutefois enclins à se laisser persuader qu'il faut la faire plier sur un point à je ne sais quel accommodement de la prudence mondaine. Ce point, c'est la tolérance de la prostitution. Nous convenons, disent généralement les partisans du régime de la tolérance, que la prostitution est condamnable, mais c'est un mal qui a existé de tout temps et qui existera toujours. Or, comme il est impossible d'extirper ce mal, il ne reste à l'autorité civile rien de mieux à faire que de le tolérer, non point passivement, mais officiellement, afin d'être en état de le surveiller et de réagir contre les désordres physiques qu'il occasionne.

Une pareille argumentation est absolument fallacieuse. D'abord, le fait qu'un mal existe et qu'il a toujours existé n'a jamais été accepté par la société comme une raison qui empêche de le combattre.

Le vol et le meurtre sont des maux qui ont toujours existé, mais il n'est venu à l'idée d'aucune société de se dire : Puisque nous ne pouvons détruire ni le vol, ni le meurtre, convenons d'un mode de vivre qui les soumette à une règle, à une certaine surveillance, de telle sorte, par exemple, que la loi statue sur ces trois chefs, savoir : à quels endroits, à quelles heures, et à quelles conditions il sera permis de voler et de tuer.

M'accusera-t-on de pousser les choses à l'absurde ? Ce ne serait pas la première fois que j'entendrais crier au scandale lorsque je place un miroir devant la prostitution, afin qu'on la voie telle qu'elle est en réalité et non sous les images de convention que ses partisans aiment à propager pour donner le change sur sa véritable physionomie. Le scandale n'est le fait ni du miroir, ni de la personne qui le tient.

Est-ce ma faute si, dans le cas spécial, il m'arrive de constater que la prostitution occupe dans la société une position exceptionnelle, inqualifiable, celle d'un vice, d'un délit, d'un crime privilégiés? Je ne m'arrête pas à rechercher lequel de ces trois termes est le meilleur à employer, car chacun d'eux est parfaitement approprié au sujet. C'est pourquoi je reprends ma première comparaison : La prostitution est protégée ; le vol et le meurtre ne sont tolérés nulle part, la société leur fait la guerre et les pourchasse comme si elle pouvait espérer de les détruire ; elle s'arme contre eux de lois préventives et répressives, toujours plus perfectionnées, qu'elle applique indistinctement aux voleurs et aux meurtriers de l'un et de l'autre sexe. D'où vient cette anomalie?

Elle ne s'explique pas même lorsqu'on se place au point de vue des doctrines relâchées qui assimilent simplement la prostitution à l'ivrognerie, à la passion du jeu, ou à telles autres habitudes que la loi morale condamne sans toutefois leur attacher le stigmate des actes directement attentatoires à la personne ou à la propriété d'autrui.

Oublions donc pour un moment que la malignité toute particulière de la prostitution réside précisément dans son caractère antisocial, et admettons à son sujet tous les parallèles qu'on voudra.

S'agit-il de l'ivrognerie, par exemple? La société se gardera bien, sous quelque prétexte que ce puisse être, d'ouvrir aux buveurs des maisons privilégiées, où il leur soit loisible de se livrer tous les jours et toutes les nuits, du soir au matin, aux désordres de l'intempérance.

Essaiera-t-on de se rabattre sur la passion du jeu? Mais déjà les tenanciers de la roulette et du trente et quarante ne trouvent plus dans l'Europe entière que deux ou trois petits refuges où ils puissent exercer leur détestable industrie. Tel est l'accueil que l'État moderne fait aux derniers représentants d'une institution tolérée jadis à l'égal des maisons de débauche. Espérons que ces dernières ne tarderont pas à suivre le sort des maisons de jeu!

De tout ce qui précède il me semble résulter qu'il n'y a pas une parfaite netteté d'idée ou une entière sincérité d'expression chez les personnes qui déclarent envisager la prostitution comme un fléau social et qui ne font cependant rien pour la détruire : car si elles possédaient à l'égard de la prostitution une conviction non moins arrêtée qu'au sujet du vol et du meurtre, ou de l'ivrognerie et des jeux de hasard, elles applaudiraient tout au moins aux efforts que l'on déploie çà et là pour la combattre.

Ne serait-ce point qu'il est des cas où la pensée, — comme dans l'ordre moral la conscience, — recèle un interdit qui la paralyse ; et l'interdit en question ne serait-il pas le misérable sophisme qui se rencontre, avoué ou non, à la base de toute la législation de la police des mœurs, c'est à savoir : que la prostitution est un mal, mais un mal nécessaire ?

Examinons cette singulière théorie.

Je ne vous dirai pas que l'idée d'un « mal nécessaire » est une proposition athée, car je ne sais si je m'adresse à des auditeurs qui tous croient en Dieu ; mais je relèverai le fait que cette proposition est le produit d'un raisonnement inepte, attendu qu'elle a pour point de départ une notion dont la science a proclamé l'inanité.

La science a fait une conquête de la plus haute importance pour l'humanité, en découvrant et en démontrant cette grande vérité, que l'univers est régi par une loi. Qu'on l'appelle loi divine ou loi naturelle, il n'en résultera aucun désaccord dans la déduction des conséquences de ce premier principe.

L'individu a sa loi, qui doit être en harmonie avec la loi de l'espèce humaine, et la loi de l'espèce humaine ne saurait être en contradiction avec la loi de l'univers, puisque l'humanité elle-même est une des parties intégrantes du grand tout. La seule nécessité reconnue par la science est la nécessité d'obéir à la loi de l'univers. Quiconque viole cette loi travaille à sa propre ruine et à la destruction de sa race.

Si la prostitution est une nécessité de la nature de l'homme, elle ne peut être condamnable chez la femme ; ce qui serait d'obligation chez l'un ne saurait être imputé à péché pour l'autre.

Si la prostitution est vraiment de rigueur pour les hommes, il n'y a pas d'autre alternative que celle-ci : ou bien il faudra que chaque femme soit tenue de subvenir à la nécessité reconnue, ou bien il sera indispensable d'y satisfaire au moyen d'une classe spéciale de femmes mises en réserve pour l'infamie, comme une sorte de parias de la société.

Ici, je m'adresse directement aux hommes et je leur pose cette question : Croyez-vous sérieusement, la main sur la conscience, que la dégradation et l'esclavage parmi le sexe féminin soient au nombre des conditions d'existence de la race humaine ?

Et si vous le croyez, êtes-vous prêts, dites-le moi, Messieurs, à présenter en holocauste à cette fatalité, soit votre sœur, soit votre fille, soit votre mère, soit votre propre femme ?

Quel est celui d'entre vous qui ose me répondre affirmativement ? Il n'y en a pas un seul, n'est-il pas vrai ?

Alors je vous demande, au nom de la justice, comment vous pourriez exiger d'autres hommes un sacrifice que nul de vous ne veut faire ?

Vous êtes donc dans la situation soit de livrer à la débauche les femmes qui vous sont sacrées, soit d'ériger en loi cette monstrueuse iniquité, qu'il faille prendre les filles de votre prochain, et ce sont presque toujours les enfants du pauvre, pour leur imposer ce joug honteux et cruel.

Vous ne sauriez cependant méconnaître que ces pauvres femmes sont filles d'hommes et sœurs d'hommes, aussi bien que vos filles et vos sœurs. Elles ne sont point venues au monde prostituées; elles étaient, à leur naissance, aussi innocentes que vos propres filles. Même dans l'antiquité païenne, les femmes qui sacrifiaient aux divinités impudiques n'appartenaient nullement à une caste spéciale de la société. A plus forte raison ne saurait-il exister sous les lois émanées de la civilisation chrétienne une classe de femmes fatalement vouées à la débauche. Aucun être humain n'a été expressément créé pour donner gain de cause aux modernes théories de ces prétendus hygiénistes qui supposent dans l'organisme physique de l'homme, on ne sait quelle imperfection native, quel vice originel, quel défaut d'équilibre, auquel la prostitution seule serait capable de remédier. Il est donc incontestable que les infortunées victimes de la débauche sont des femmes comme d'autres. Elles ont passé leurs premières années dans nos villages, dans nos cités, confondues parmi la foule de la population enfantine, dans les jeux de la rue et sur les bancs de l'école. Des circonstances accidentelles, la mort d'un père ou d'une mère, le désœuvrement forcé, l'insuffisance des salaires, la misère, les promesses fallacieuses, les séductions, les piéges tendus sous leurs pas, telles ont été les causes de leur perte.

Filles de pauvres gens, leur sort n'en est que plus digne de pitié, car la pauvreté n'exclut point les affections de famille. Ce ne sont pas de feintes larmes qui tombent sur le cercueil du pauvre. Prenez garde, je vous en conjure, de ne pas jeter plus longtemps la moralité publique en aliment à ce levain d'amertume qui déjà ne fermente que trop dans le sein des classes ouvrières!

Elles se disent assez que c'est dans leurs rangs que se fait l'odieuse traite des blanches. Qui pourra supputer ce que celle-ci occasionne de souffrances morales, ce qu'elle provoque de malédictions dans les familles qui ont vu l'un de leurs membres entraîné de la sorte sur la voie de la perdition? Le riche paie ses plaisirs et se tient quitte du reste; il ne lui en coûte que ce vil métal, qui est le prix du sang et le prix des âmes.

Que ne faisons-nous comme lui? que n'imitons-nous sa superbe indifférence? Vous n'avez pas même besoin, nous disent les satisfaits, de songer que ces femmes perdues existent. Votre rôle est de les ignorer et de nous les abandonner. C'est par leur immolation que vos maisons seront conservées intactes. La vertu des femmes honnêtes n'a pas de meilleure sauvegarde que la dégradation de cette tourbe misérable. Le bonheur des unes est fondé sur la ruine des autres. D'ailleurs, que vous importent ces mystères, ces exigences physiques que vous ne comprenez pas? Nos cœurs ne vous restent-ils pas fidèles? ne possédez-vous pas notre affection tout entière.

Sophismes que tout cela! Lors même que vous le voudriez, vous ne sauriez, Messieurs, nous honorer et nous respecter, tandis que vous traînez nos sœurs dans la fange. Injustes et cruels envers elles, vous deviendrez injustes et cruels à notre égard. Déjà les expériences douloureuses se multiplient et souvent notre cœur est froissé plus que nous ne pouvons le dire.

Mais je m'empresse d'en revenir au fond de la question. S'il était admissible qu'une noble courtoisie pût exister chez le même individu, côte à côte avec le plus vil égoïsme; s'il y avait moyen de concilier en sa personne des habitudes de débauche et le culte d'un amour honnête, encore nous refuserions-nous à souscrire au sacrifice de la moindre de ces femmes, qui, malgré tout, sont toujours nos sœurs; encore nous détournerions-nous avec dégoût d'un intérieur de famille conservé pur au prix de leur avilissement; encore protesterions-nous contre un bonheur domestique basé sur leur misère et sur leur perdition.

Depuis la grande publication de Parent-Duchâtelet sur la prostitution dans la ville de Paris, nombre de médecins, encouragés par le succès de cet ouvrage, ont pris la plume pour traiter du même sujet, soit à un point de vue général, soit dans ses applications à d'autres cités de l'Europe ou de l'Amérique. On les a vus de concert réclamer l'intervention des gouvernements, non point pour combattre le fléau, mais pour l'endiguer, si possible, au moyen d'un ensemble de lois et de règlements de police, dans l'intérêt, disaient-ils, de l'hygiène publique. L'unanimité dont ils faisaient preuve et l'absence d'opposition d'autre part eurent pour résultat de donner à leur opinion toute la valeur d'un préjugé populaire. Peu s'en fallait qu'elle ne fût bientôt généralement admise de confiance, sans réflexion.

La situation a bien changé. Nous voyons maintenant se former toute une ligue de notabilités médicales pour combattre par les armes de la science, aussi bien que par les dures leçons de l'expérience, la fameuse doctrine du « mal nécessaire » combiné avec la protection légale dont on prétendait l'entourer.

La science, en effet, lorsqu'elle est digne de ce nom, ne construit pas ses théories sur quelque notion préconçue, mais sur la base de l'observation confirmée par l'expérience. Elle ne s'arrête pas à l'une des faces de la question, mais elle embrasse la question tout entière. Elle recherche et constate soigneusement les faits de tout ordre qui s'y rattachent, les plus nombreux, les plus variés, et parfois même les plus contradictoires en apparence. Elle les étudie au flambeau de la critique et en faisant appel aux données de la plus longue expérience.

Ainsi, dans une enquête sur la moralité publique, ce n'est ni la statistique d'une ville en particulier, ni celle d'une catégorie spéciale de prostituées, ni celle d'un ou de plusieurs États à un moment donné, qui fourniront à la science des résultats concluants. Il faut tout cela et d'autres choses encore : le champ d'observation doit s'étendre de cercle en cercle dans toute l'enceinte du monde européen, et remonter de génération en génération jusqu'à l'époque qui constitue le vrai point de départ d'une fructueuse étude comparative.

Déjà les travaux qui se poursuivent dans cet esprit et avec cette rigueur d'investigation, concourent à démontrer que les lois et les règlements qui pèchent contre la morale, non-seulement sont dénués de toute vertu régénératrice, mais incapables de réaliser les améliorations que l'on en espérait quant à l'état de la santé publique : tant il est vrai que, pour les peuples comme pour les individus, il n'y a de bonne hygiène que celle qui s'accorde avec les bonnes mœurs.

Les médecins admettent généralement que la science de la santé ne saurait faire abstraction des mœurs. Est-il donc si difficile à quelques-uns d'entre eux de reconnaître que les seules mesures de salubrité véritablement efficaces sont celles que la morale approuve et justifie ?

Aujourd'hui même, si l'on veut faire la balance des avantages et des inconvénients du régime de la prostitution légale, on reste confondu de l'éloquence des résultats.

D'un côté, vous assainissez, relativemet parlant, quelques maisons à peine, et plus vous déployez d'énergie dans cette direction, plus vous voyez diminuer le nombre de ces maisons ou celui de leurs pensionnaires.

D'un autre côté, le vice qui vous échappe se développe journellement dans des proportions gigantesques, et la santé publique subit les conséquences de ce déploiement inouï du mal. C'est en vain que vous sollicitez, pour l'atteindre, un redoublement de rigueurs; c'est en vain que vous désirez étendre de plus en plus le réseau de l'esclavage féminin, vous aboutissez à l'excessif, à l'impossible, à l'absurde, et si vous êtes de bonne foi, vous devez vous déclarer vaincus par le vice.

Mais l'avez-vous jamais attaqué?

Loin de là, vous proclamez le mal nécessaire et vous le placez comme tel sous la protection de l'État: est-ce chose étonnante qu'il vous déborde?

Vous vous efforcez de protéger la santé des libertins, tout en usant à leur égard d'une lâche condescendance: trouvez-vous mauvais qu'ils profitent de vos encouragements?

Est-ce enfin attaquer le vice, que d'avilir et d'outrager le sexe faible comme pour le jeter avec moins de scrupule en pâture à la brutalité de l'homme?

Tel a été votre système: inspiré par la peur, élaboré par l'égoïsme, entaché d'une connivence, secrète ou inconsciente, n'importe, —

avec les penchants les moins nobles du cœur humain, il ne pouvait manquer d'aller à la rencontre d'un jugement sévère et d'une ruine irrémédiable.

La loi morale l'a condamné dans son principe, l'humanité le répudie à tous égards, et il vient de se discréditer par ses propres résultats. Le système de la prostitution légale ou officiellement tolérée finit par la banqueroute.

———

Il est une observation que je regrette de devoir faire à l'occasion d'un sujet si grave, mais je ne saurais taire l'impression que j'éprouve lorsque je lis les déclamations des prôneurs de la prostitution légale contre les femmes qui ne veulent pas se soumettre aux ordonnances constitutives de l'institution. Les ingrates, la Police leur offre de les enregistrer, de les cloîtrer, de les tarifer, de les inspecter, de les réglementer dans tous les détails de leur existence, et cela ne les tente pas. Elles se refusent à entrer dans les maisons organisées selon les prescriptions officielles, et, parmi les pensionnaires de ces établissements, c'est à qui saisira l'occasion de rompre la clôture. Selon mon sentiment, l'indignation que l'on témoigne à l'égard de l'une ou de l'autre classe de ces insoumises a quelque chose de grotesque.

La nature humaine est ainsi faite, qu'elle protestera toujours contre l'injustice, qu'elle regimbera sans cesse contre la tyrannie, qu'elle ne supportera patiemment aucune espèce d'esclavage.

C'est en vain que, pour suppléer au peu d'effet de l'organisation actuelle de la Police des mœurs, un gouvernement quelconque essaierait de la renforcer et de jeter ensuite le filet sur la prostitution clandestine. Les résultats qu'il obtiendrait, tourneraient, comme par le passé, à la confusion du système.

Il serait fâcheux de voir l'autorité se compromettre dans des expériences où il n'y a pour elle que des déceptions à recueillir.

Il n'est pas moins déplorable, d'autre part, de devoir constater dès à présent à quel point les gouvernements qui protégent la prostitution deviennent infidèles à leur haute mission sociale.

Cette infraction à la loi suprême de la moralité les entraîne de conséquences en conséquences à la violation de toutes les garanties constitutionnelles qu'ils ont pour mandat de protéger et de défendre. Ainsi, pour ne citer qu'un exemple, tiré de l'Angleterre, l'Acte du Parlement de 1869, qui place la santé des débauchés sous la protection de l'Etat, remet entre les mains de la police médicale le pouvoir discrétionnaire d'appréhender au corps, de punir et d'emprisonner les femmes non enregistrées convaincues ou seulement suspectes d'immoralité.

Le procédé sommaire que cette loi autorise, exclut la spécification du délit, l'évocation des témoins, l'appel d'un défenseur et toutes les autres formes protectrices des accusés. Les voleurs et les meurtriers ne sont jamais condamnés qu'à la suite d'un procès en règle, dans lequel ils ont été pourvus de tous les moyens de défense dont on a coutume d'entourer les prévenus, tandis que l'arbitraire le plus éhonté frappe la malheureuse dont le crime, en fin de compte, ne l'emporte pas sur celui de son complice, l'homme qui lui a donné de l'argent.

De pareils abus sont la négation des libertés publiques inscrites dans nos chartes nationales et dont chaque fils et chaque fille de la Grande-

Bretagne étaient fiers à juste titre. La liberté individuelle, l'inviolabilité du domicile, le droit de n'être arrêté que selon les formes prescrites par la loi et pour être conduit sur-le-champ devant un magistrat ; le droit de se défendre contre les accusations mensongères et de plaider son innocence devant un jury, composé de ses pairs, tous ces biens que l'on envisageait comme inaliénables formaient la condition essentielle de notre existence civile. En y laissant porter une main sacrilége, la nation abdique sa dignité de gardienne de la liberté.

Il n'y a rien de bon à attendre de l'avenir politique des peuples où se multiplient les empiétements du pouvoir sur les droits et les libertés consacrés par la constitution de l'Etat. C'est une situation bien compromise que celle d'une société où l'administration peut se permettre d'agir comme en pays conquis.

Le dommage que cause la protection officielle du vice est incalculable, à tous égards, mais plus spécialement lorsque l'on considère la perturbation que cette énormité sociale doit apporter dans les notions reçues du bien et du mal. Toute institution publique porte avec soi son enseignement. Il n'est pas de loi ou de règlement qui ne soit pour le peuple le texte d'une leçon utile ou malfaisante. Si nous examinons ce que l'institution légale des maisons de tolérance enseigne à la jeunesse, nous arrivons fatalement à cette conclusion perverse:

Que le gouvernement ne condamne pas le vice, et qu'il prend seulement souci de la santé des vicieux ;

Que le vice est une nécessité et qu'il veut avoir sa proie, mais qu'il n'a rien de répréhensible s'il ne nuit pas à la santé.

Laissez de pareilles doctrines faire leur chemin et jugez à quel point la conscience nationale en sera faussée, oblitérée, corrompue, au bout de deux ou trois générations !

Comme le faisait observer le duc d'Argyll dans un discours qu'il prononça contre l'institution de l'esclavage: Un système d'esclavage sanctionné par la loi est infiniment plus dangereux que n'importe quels actes individuels d'oppression et de cruauté, dont la responsabilité ne remonte pas au-delà de leurs auteurs. De même, l'organisation systématique et légale du vice sexuel contient un germe destructif de la vertu, un principe corrosif du progrès social, auprès desquels on ne saurait plus attribuer qu'une médiocre importance aux dérèglements de la passion. Un tort fait par la loi cause un préjudice beaucoup plus irrémédiable à la vie morale d'un peuple, que des torts, quelque nombreux soient-ils, qui sont faits contre la loi.

« Malheur à ceux qui font des ordonnances d'iniquité et qui dictent aux scribes des arrêts d'oppression pour enlever aux chétifs leur droit et pour ravir le droit des affligés de mon peuple. »

Un dernier trait caractéristique de l'influence des lois immorales sur la société, c'est que la tolérance pratiquée par les gouvernements à l'égard des institutions qui favorisent la débauche, introduit la tolérance du vice dans les rapports sociaux, et la fait passer dans les mœurs à l'aide d'artifices de langage propres à enlever à la débauche sa laideur, à gazer les réalités choquantes, à familiariser même la décence avec le mal.

Voici ce que dit à ce sujet Mlle Julie Daubié, l'auteur de l'excellent ouvrage intitulé « La Femme pauvre au XIXe siècle » :

« L'impunité législative, la protection administrative et judiciaire accordées aux désordres de l'homme, devaient leur enlever leur stigmate d'infamie, et, en les généralisant, leur faire perdre jusqu'à l'odieux de leur nom. Tout vice qui fait partie de l'âme d'une nation se déguise sous un terme honorable ; ainsi, la prostitution s'appelle « galanterie », et c'est « s'amuser », « être homme de plaisir », que de vivre dans ces unions qui dégradent la femme.... et poussent la société à l'abîme. »

A quoi l'écrivain ajoute :

« La facilité qu'a la jeunesse de se procurer les instruments du vice, partout sous ses pas ; la main tutélaire de l'administration, qui l'accompagne pour la protéger, jusque dans les lieux de débauche, lui ont fait perdre le sens moral à tel point, que ses passions, excitées par l'audace et l'habitude, ne connaissent plus de frein. »

Je relève l'observation qui précède, et je l'oppose à l'opinion qui tend à excuser et même à encourager chez les jeunes gens la fréquentation des mauvais lieux, sous le prétexte que, privés de ce dérivatif, ils feraient pis encore. C'est à la fois un funeste préjugé et une imputation injurieuse.

La vraie physiologie humaine est celle qui se trouve sous-entendue dans ces paroles de l'apôtre : « Jeunes gens, je vous ai écrit, parce que vous êtes forts et que la parole de Dieu demeure en vous et que vous avez vaincu le malin. »

Il est bon, il est sain pour le jeune homme, d'être chaste et continent. Heureuse la nation qui possède beaucoup de jeunes hommes forts !

Il est de toute fausseté que la débauche soit un préservatif pour quoi que ce soit. Les statistiques et l'expérience prouvent que le vice engendre le vice, non-seulement le même vice, mais d'autres, similaires, ou différents, ou cumulés. Les villes où il existe des institutions de prostitution légale sont des foyers de corruption où tous les vices se rencontrent, ceux que la prostitution est censée écarter et ceux qu'elle développe, et ils y sont poussés à leur plus haute puissance. Il faut n'avoir aucune notion ni de la nature humaine, ni des lieux de débauche, ni de leur influence directe et indirecte, pour imaginer que le jeune homme qui franchit le seuil d'une maison de prostitution entre dans la voie de la sagesse et de l'abnégation. La vérité vraie, c'est qu'il fait les premiers pas sur la route de la corruption effrénée, illimitée, inexprimable.

Si l'âme humaine ne prend pas son essor vers le ciel, elle cherche ici-bas, sans relâche, et jusque dans les plus affreux repaires, l'assouvissement du besoin d'infini qui la dévore et que nulle ivresse, nulle jouissance quelconque, ni même la somme de toutes les jouissances imaginables, ne sauraient jamais satisfaire. Le tableau de la Rome impériale est la démonstration indirecte de l'immortalité de l'âme, et la physiologie matérialiste ne prévaudra jamais contre le premier chapitre de l'Epître aux Romains.

Supposé, nous a-t-on dit, que votre point de vue soit le véritable, alors vous posez mal la question. Au lieu de vous attaquer à l'institution légale qui cherche à protéger la santé publique aussi longtemps que la prostitution est reconnue comme un mal nécessaire, c'est la prostitution elle-même que vous devriez combattre. Seulement, il faudrait la poursuivre dans son principe et travailler à tarir toutes les sources qui l'alimentent, la mauvaise éducation des femmes, la pénurie des occupations lucratives qui seraient à leur portée, l'insuffisance des salaires affectés aux professions qu'elles peuvent exercer. Et puis, si la prostitution est un fléau social, ne serait-ce point qu'elle se trouve en relation étroite avec d'autres fléaux peut-être, comme, par exemple, celui des armées permanentes? Pour abolir la prostitution, commencez donc par supprimer l'ignorance, la misère et la guerre.

Si j'avais à répondre au nom d'un groupe

d'abolitionistes, les montagnes de difficultés que l'on entasse devant nous ne parviendraient ni à confondre ma foi, ni à troubler ma vue: Bien qu'il nous soit facile, dirais-je à nos antagonistes, de rétorquer contre vous l'argument que vous nous opposez, nous ne reculerons devant aucune des sommations qui nous sont adressées, non par la voix des hommes, mais par la voix de notre conscience.

Nous attendons le jour de Celui qui détruira l'empire du péché dans ce monde, et si, dans notre faiblesse, nous osons attaquer le Géant, le péché typique de la Terre, ce n'est pas en nous appuyant sur le bras de la chair. Lors même que nous aurions réussi à supprimer l'ignorance, la misère et la guerre, nous ne sommes pas de ceux qui se flatteraient d'avoir atteint le mal dans son germe originel.

Cependant, l'action de la charité s'exerçant au jour le jour et à l'égard de toutes les infortunes, sans distinction, est l'un des moyens qu'il plaît à Dieu de susciter et de bénir pour l'extension de son règne. C'est pourquoi nous ne resterons pas en arrière lorsque l'occasion se présentera de nous associer à ces œuvres d'éducation populaire, de bienfaisance et d'humanité, qui se multiplient de nos jours dans une progression réjouissante. Elles font l'éloge de notre siècle, et les personnes les plus notables tiennent à honneur d'y coopérer. Mais il en est d'autres qui sont moins en faveur et que le bon ton répugne à mentionner: celles-là, nous nous garderons de les dédaigner, et je suis heureuse d'en pouvoir prendre à témoin les expériences que bon nombre d'entre nous ont déjà faites, depuis plusieurs années.

Ainsi, comme par le passé, nous soutiendrons les refuges, les asiles des victimes de la débauche; nous sauverons de malheureuses naufragées; nous en recueillerons à notre foyer domestique; nous éloignerons du danger toutes les jeunes filles sans protection que nous pourrons atteindre, avertir, diriger et mettre en position de s'assurer une existence honorable.

Dès l'origine, nous avons agi dans un esprit de solidarité, mais l'organisation de notre ligue était purement nationale. Désormais nous donnerons la main d'association à nos sœurs du continent, et nous opérerons de concert avec elles sur tous les points où s'étendront les ramifications de notre œuvre.

Une quantité d'entreprises qui ont déjà fait leurs preuves nous tiennent à cœur et stimulent notre zèle: combien n'y en aurait-il pas encore à développer ou à créer de toutes pièces! La charité se prête aux circonstances les plus diverses. Elle doit, plus que jamais, se montrer aussi ingénieuse que prévoyante. L'extrême déploiement d'activité de notre époque ouvre des carrières nouvelles, des ressources inespérées, aux jeunes filles intelligentes et laborieuses. Il nous faut être alertes et profiter de ces chances favorables.

Nous ne savons que trop quels sont les côtés sombres de la plupart des professions que l'on a rendues accessibles aux femmes, et surtout de celles qui leur sont presque entièrement abandonnées. C'est à vous, hommes d'Etat, économistes, philanthropes, qu'il appartient d'exercer à cet égard une influence décisive. Puisse-t-elle être aussi salutaire que possible dans le domaine de la législation, et plus encore dans le champ de la réforme des mœurs!

Nous ne vous suivrons pas sur le terrain brûlant de vos luttes politiques. L'état de guerre que présente la société contemporaine nous assigne notre place aux ambulances. Nous n'y serons que plus fortes pour protester contre les outrages qui affligent l'humanité dans la personne de ses membres les plus chétifs.

Nous connaissons aussi les ambulances des modernes champs de carnage, et cela nous autorise quelque peu à dire notre mot sur la guerre, dont vous nous faites un épouvantail dans l'intérêt du maintien de la prostitution légale.

Un abîme appelle un autre abîme: pour justifier le fléau de la prostitution, vous invoquez le fléau des armées permanentes. Mais c'est oublier qu'il s'effectue une transformation admirable dans les institutions militaires de l'Europe. Les services mercenaires sont abolis. On ne parle plus de la guerre comme d'un métier. La conscription s'en va, les gouvernements s'appliquent à économiser le temps que le soldat doit passer sous le drapeau. Bientôt, selon la tendance des nouvelles lois militaires, l'armée ne sera pas autre chose que la nation en armes. Autant vaut dire que, de fait, nous assistons à la suppression des armées permanentes, en attendant, comme nous l'espérons, l'institution des arbitrages, l'abolition de la guerre elle-même.

A ce compte-là, considérée au point de vue militaire, l'organisation de la prostitution ne supporte pas l'examen et le plus spécieux de tous vos arguments chancelle sur sa base.

Il n'en restera pas un debout, j'en ai la ferme conviction. Néanmoins notre polémique, quelque victorieuse qu'elle puisse être, demourera stérile si elle n'est pas accompagnée d'une action énergique et pour ainsi dire héroïque, car elle doit procéder, non pas de l'intelligence, mais des profondeurs de la conscience.

Comme la déchéance d'un sexe est la condamnation de l'autre, la réhabilitation de la femme dépend par dessus tout du relèvement du niveau de la moralité chez l'homme.

Quelle révolution dans les idées de convention, dans les préjugés, dans toute cette vieille et lâche routine de langage de société et d'usages d monde, sous lesquels on dissimule le véritable état des mœurs!

Les armes de la persuasion n'y suffiront pas ; encore une fois, il faut l'action, et quelle action ? L'agression directe, positive et implacable, non certes contre les personnes, ni contre les gouvernements, mais contre les institutions qui consolident le règne de l'immense fléau de la prostitution et qui entraînent à sa suite l'inévitable avilissement social du sexe féminin.

Rien d'autre ne sera capable de passionner l'opinion, de soulever la conscience publique contre la tolérance du libertinage des hommes, contre la funeste doctrine que le vice est nécessaire aux hommes. Aussi longtemps que le monde sera sous l'empire de cet impie préjugé, le vice triomphera et trouvera ses victimes, malgré toutes les prédications des évangélistes, malgré toutes les bonnes œuvres des dames pieuses, des diaconesses et des sœurs de charité.

Travailler dans cette direction, c'est faire du bien, beaucoup de bien sans doute, mais ce n'est pas prévenir le mal, l'attaquer à sa naissance : autant vaudrait essayer d'épuiser le lit d'un fleuve, sur un point donné, sans remonter plus haut.

Il faut prendre un parti. Si vous ne voulez que disserter sur le vice et sur ses conséquences pour conclure par de simples vœux de régénération sociale, vous vous exposerez tout au plus à vous faire qualifier d'utopistes, et les choses demeureront sur l'ancien pied.

Ajoutez à vos propos l'initiative de quelque fondation pieuse, œuvre de secours physique ou de relèvement moral, non-seulement on vous laissera faire, mais on louera vos bonnes intentions ; vous recevrez même des encouragements positifs et vous réussirez peut-être à doter la société d'un hospice ou d'un refuge de plus ;

tandis que, d'autre part, les foyers de corruption qui alimentent les hôpitaux, les refuges, les asiles et aussi les prisons, continueront de se développer sans entraves, dans une progression effrayante.

La situation deviendra tout autre du moment où, sans abandonner votre activité charitable, vous oserez prendre une attitude militante contre la prostitution légale. Alors, n'en doutez pas, vous touchez à l'arche sainte: attendez-vous à une explosion de colère de la part des soutiens de l'institution. Leur nombre est légion, leurs mobiles sont très divers, leurs moyens d'action illimités.

Nous avons appris à connaître en Angleterre tout ce dont ils sont capables. S'ils ne nous ont épargné ni les insultes de la presse, ni les menaces de la rue, ni les anathèmes ecclésiastiques, ni les persécutions, ni les voies de fait, il y a lieu de croire que, sur le continent, les mêmes causes amèneront des manifestations analogues: lorsqu'on aura dû se convaincre qu'il n'était pas possible d'étouffer dans le vide et par le silence l'agitation abolitioniste, on ne reculera pas devant l'emploi d'autres expédients.

Quoi qu'il en soit, les hommes de cœur sauront se prononcer. Le temps des tergiversations est passé. Les partisans du système de la prostitution légale le déclarent insuffisant. Si l'on veut le maintenir, il est indispensable de le rendre plus rigoureux et de le généraliser. Il faut donc se décider, soit en faveur de l'extension et de l'aggravation de l'esclavage féminin, soit dans le sens de son abolition. Il n'y a pas de terme moyen. Les deux partis vont pousser leurs principes à leurs dernières conséquences. L'un et l'autre s'efforceront de les développer systématiquement, de peuple à peuple, à l'aide de ligues internationales. C'est dans l'esprit de l'époque et en rapport avec la nature du sujet, car il en est de la prostitution comme de tout autre fléau, elle ne connaît pas de frontières. En résumé, tous les pays de l'Europe seront tôt ou tard couverts d'un réseau de forteresses du vice privilégié, ou bien ils assisteront à la suppression de celles qui existent actuellement. Personne assurément n'a grande confiance en l'avenir de la société européenne. La solution que recevra la question de la moralité publique sera l'indice ou d'une excessive décadence ou d'une vigoureuse régénération du corps social.

A l'heure qu'il est, les apparences sont menaçantes et cependant, jamais l'on n'a vu se multiplier sur tant de points à la fois le besoin d'un réveil de la conscience et d'une restauration de toutes les forces vitales qui constituent la santé, la dignité, la perfectibilité de notre race. A l'œuvre donc, tous ceux qui croient et qui espèrent, ou qui, sans regarder au succès, recherchent le bonheur dans l'accomplissement du devoir !

Vous serez des premières à répondre, mères de famille, maintenant averties de ce qui se pratique ou se trame autour de vous. Ne dites pas : que pourrons-nous faire ? A chaque jour suffit sa tâche. Laissez-vous inspirer par votre amour pour vos enfants. Songez tout particulièrement à vos fils, auxquels on se prépare, de tous côtés, à promettre l'impunité dans le vice. Vous saurez bien vous faire passer les unes aux autres la parole d'alarme et vous entendre pour confondre cette impudente provocation.

Je vous prie de ne pas vous rebuter des petits commencements. C'est une phase que nous avons accomplie en Angleterre, et je m'attends à des progrès peut-être plus lents encore dans les autres parties de l'Europe.

Nous ne sommes que les pionniers d'un ordre

de choses meilleur. Nous ne vivrons pas assez longtemps pour saluer une éclatante et décisive victoire. Il nous suffit de la préparer pour les générations futures.

Exhortons-nous à la patience, encourageons-nous à la persévérance. Il est sans doute avantageux que l'élaboration de notre œuvre se fasse dans l'humilité.

Les grands moyens d'action qui opèrent sur les multitudes sont entre les mains des hommes: ils ont la presse et la tribune, la chaire et le barreau, la banque et le gouvernement de toutes les affaires civiles, politiques et religieuses.

Pourquoi tant de puissances combinées ne s'accorderaient-elles pas à donner satisfaction aux instincts les plus nobles du cœur humain? Pourquoi notre siècle, si grand par les œuvres de l'intelligence, ne parviendrait-il pas à inscrire au rang de ses plus beaux triomphes le relèvement de la moralité publique?

Nous ne doutons pas que ce résultat ne puisse être atteint. Nous rencontrons la même foi chez une élite d'hommes d'action, qui ont marqué dans les événements de notre époque. Ils applaudissent à notre initiative. Ils attribuent à notre appel une portée que nous osions à peine concevoir. Quelle sera l'issue de la croisade qu'ils vont entreprendre à côté de la nôtre, et par les armes qui leur sont familières, la presse, l'association, les luttes parlementaires?...

Dieu règne, et nous ne sommes que les serviteurs indignes dont il lui plaît de disposer selon les desseins de sa providence.

Que notre fidélité réponde à ses vues de miséricorde dans la crise redoutable que traverse l'humanité !

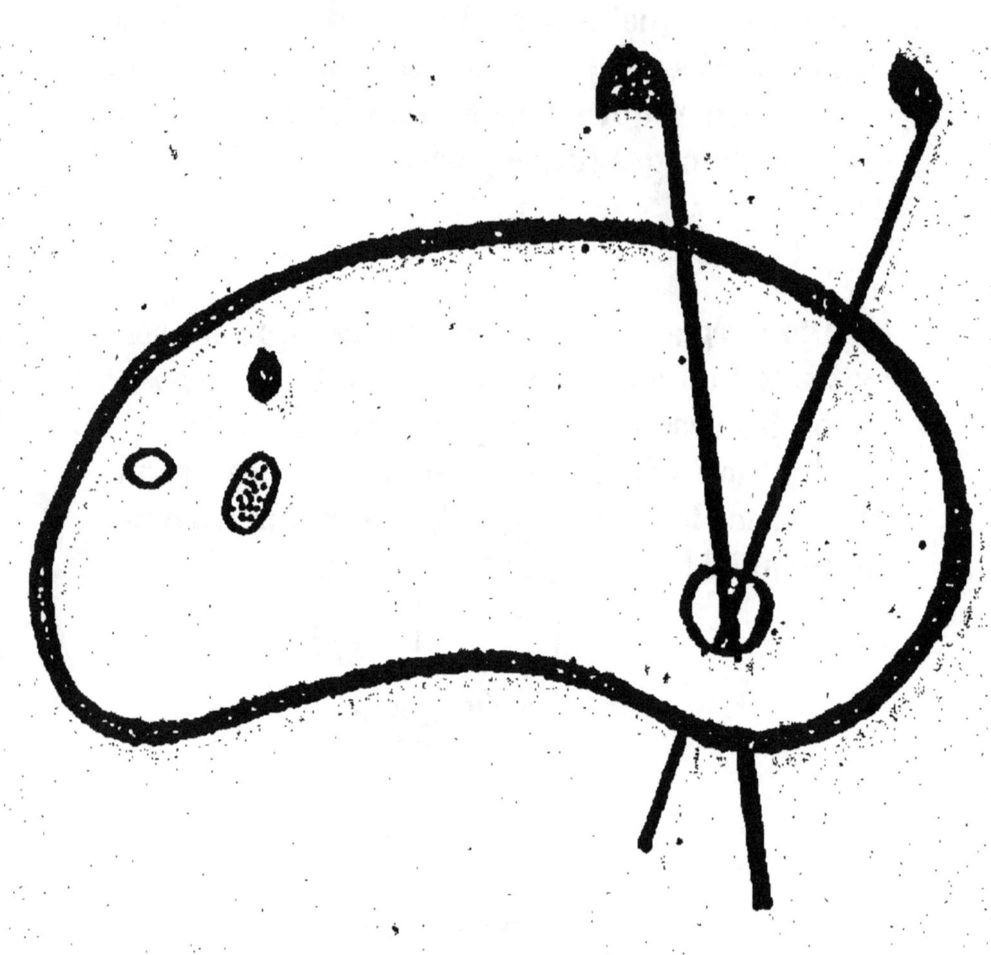

ORIGINAL EN COULEUR
NP Z 43-120-8

www.ingramcontent.com/pod-product-compliance
Lightning Source LLC
Chambersburg PA
CBHW051142050726